Simplemente Ciencia

Comunicaciones

Gerry Bailey y Steve Way
Ilustraciones: Steve Boulter y Xact Studio

Gráficos: Ralph Pitchford

everest

Simplemente Ciencia

Comunicaciones

Contenidos

¡A comunicarse!	p. 4-5
Enviar sonidos	p. 6-7
Cartas de papiro	p. 8-9
Planchas de impresión	p. 10-11
Historia de los libros	p. 12-13
La imprenta	p. 14-15
El telégrafo	p. 16-17

El teléfono   p. 18-19

En la radio   p. 20-21

Fotos con movimiento   p. 22-23

El braille y el lenguaje de signos   p. 24-25

El radar   p. 26-27

Internet   p. 28-29

Prueba comunicativa   p. 30-31

Índice   p. 32

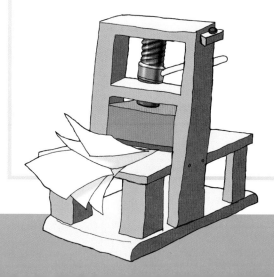

¡A comunicarse!

Cuando te ríes, manifiestas que estás contento. Puedes escribir un mensaje para decirle a alguien adónde vas. Cuando lees un libro, miras la tele o ves una película, otra persona te cuenta cosas. Todo esto es comunicación. ¡Es compartir pensamientos e ideas!

Comunicación es:
...telefonear a un amigo

...leer un libro

...comentar una buena película

...enviar un correo electrónico

...o tan solo demostrar cómo te sientes.

Un grupo de niños chinos cantan y recitan.

Enviar sonidos

Cuando aprendes un idioma, hasta el tuyo de pequeño, aprendes a pronunciar y a entender montones de sonidos. Cada uno de ellos significa algo distinto y tú necesitas saberlos todos.

Hablar con un amigo

Cuando hablas, unos pliegues de tu laringe, las cuerdas vocales, vibran. Y el sonido que emites hace vibrar el aire que te rodea.

Esa vibración del aire se propaga en ondas, llamadas sonoras. Es decir, al hablar, las ondas sonoras que salen de tu boca atraviesan el aire a oleadas.

Cuando llegan a los oídos de tu amigo, hacen vibrar su parte sensitiva, y su cerebro interpreta el significado de la vibración.

¿Ondas por el aire?

Las ondas sonoras aparecen cuando algo vibra. Puede ser tu laringe cuando hablas o un instrumento cuando lo tocas.

Las pequeñas partículas del aire que rodean la fuente de la vibración empiezan a moverse.

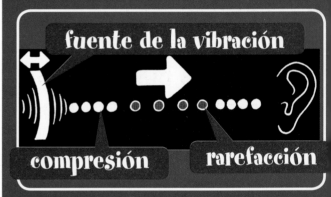

fuente de la vibración

compresión

rarefacción

La onda sonora se origina porque la vibración comprime las partículas del aire cercano. Esto se llama compresión.

Al avanzar, la onda comprime las siguientes partículas, y las anteriores se separan. Esto se llama rarefacción.

Cuando esa serie de compresiones y rarefacciones alcanza tu oído, ¡oyes el sonido!

¡Uf! ¡Cuidado con los mastodontes!

Interpretar sonidos

Lo más probable es que los hombres primitivos se comunicaran con sonidos simples, y que algunos tuvieran el mismo significado. *Uf*, podía significar *hola* o *te persigue un mastodonte tremebundo*. ¡Por eso era importante aprender lo que quería decir cada sonido!

La lengua

Con el tiempo se fueron añadiendo distintos significados a diferentes sonidos, hasta que cada grupo de personas creó una lengua propia. Porque eso es un idioma, la lengua de una comunidad de hablantes.

¡Cuidado con ese hoyo!

¡Sí, hace un día precioso!

¡No entenderse puede producir desastres!

Por desgracia, la gente de distintos lugares habla idiomas diferentes, así que si queremos entenderlos, debemos aprender también sus sonidos específicos.

Cartas de papiro

Las tablillas de arcilla son muy pesadas de repartir.

Los antiguos egipcios usaban fibras del tallo del papiro, una planta que crece cerca de lagos y ríos, para fabricar láminas sobre las que escribían. Ellos inventaron, por tanto, uno de los primeros tipos de papel.

Una planta para escribir

1. Los sacerdotes egipcios escribían por medio de jeroglíficos. Pintaban historias sobre las paredes de los templos o grababan mensajes en tablas de arcilla.

2. Pero no podían enviar mensajes en un material ligero.

Rollos de papiro

Las láminas de papiro se enrollaban y se ataban con tiras de cuero. La biblioteca de Alejandría, del antiguo Egipto, contenía más de 400 000 rollos de papiro.

En la escritura jeroglífica las palabras se representan con figuras o símbolos.

3. Quizá alguien pensó en escribir sobre una hoja, y vio que era ligera pero endeble.

4. Entonces alguien recordó las esteras de papiro que fabricaban. Una esterilla muy fina sería ideal para escribir.

5. Las fibras del papiro se prensaron y se cortaron en láminas rectangulares. Ya podían enrollarlas y enviar cartas a todas partes.

Planchas de impresión

La plancha de impresión es una tabla de madera u otro material sobre el que se graba un texto o un dibujo, para imprimirlo.

Hace mucho los funcionarios chinos usaban piedras grabadas para estampar sellos de cera en los documentos importantes. Esto condujo a la invención de las planchas de madera grabada, que servían, entre otras cosas, para imprimir documentos sobre temas religiosos.

1. Copiar documentos era una muy cansado y llevaba mucho tiempo. Había que escribirlos con mucho cuidado, para que todos quedaran igual.

2. ¡A lo mejor con un montón de plumas se tardaba menos! Tenía que haber alguna forma de hacer muchas copias al mismo tiempo.

3. Pero cuando el grabado se entintaba y se ponía bocabajo sobre un papel, ¡la impresión salía al revés!

4. La solución era imprimir el documento en un papel fino y poner luego ese papel bocabajo sobre la plancha. Así el texto se grababa al revés y una vez impreso quedaba al derecho.

Quizá grabando los caracteres en un molde...

Historia de los libros

Los primeros libros no se parecían en nada a los actuales. Eran tablas de blanda arcilla sobre la que se podía escribir.

Después los escribas usaron láminas de papiro, fabricado con la planta, o pergamino, de piel animal. Ambas podían enrollarse.

Por último a alguien se le ocurrió la idea de cortar los rollos en piezas, para hacer páginas. Había nacido el libro.

Tablillas

Es probable que las primeras tablillas fueran escritas por los mercaderes para dejar constancia de sus compras y ventas. Eran una especie de herramienta de contabilidad.

Rollos

Los rollos, más tardíos, sirvieron para recopilar leyes y anotar creencias religiosas.

Códices

Son libros manuscritos anteriores a la imprenta (con páginas y cubierta o portada, como los nuestros). Aparecieron hace más de 2000 años.

Libros impresos

La encuadernación de los libros impresos era de piel, pero en los modernos suele ser de cartón (de cartoné) o de papel (en rústica).

Códices ilustrados

Algunos libros medievales, como este de Flandes llamado *Chronique d'Angleterre*, se iluminaban con bellos colores.

La imprenta

La prensa de impresión es una máquina capaz de imprimir páginas enteras de un libro de una sola vez. Antes de su invención los libros se escribían a mano, así que su creador hizo posible que estuvieran al alcance de mucha más gente.

¡He hecho el primer libro impreso!

Una prensa para imprimir libros

1. Johannes Gutenberg deseaba ser herrero, pero también era tipógrafo, y quería inventar una máquina que imprimiera deprisa para que todos disfrutaran de los libros.

2. Copiarlos a mano costaba mucho, y los copistas se pasaba años ilustrándolos.

Tipos móviles

Un tipo móvil es una pieza metálica o de otro material con un signo o una letra en relieve; con ellos se copia el texto en un cajón llamado caja.

La forma con los tipos se colocaba en una prensa, se entintaba y se presionaba sobre el papel de impresión.

3. Los chinos y los coreanos ya utilizaban los tipos móviles, pero tenían que imprimirlos uno a uno.

4. Johannes quería que su máquina copiara páginas enteras, así que primero fabricó unos tipos móviles que pudieran colocarse en una caja.

5. Después usó una prensa para presionar las cajas de tipos sobre el papel, imprimió página tras página ¡y cambió el mundo!

Cartas eléctricas

1. A Samuel Morse le encantaba pintar pero necesitaba ganarse la vida. Como también le interesaba la electricidad, decidió inventar algo. Quería ver cómo afectaba la electricidad a las comunicaciones.

2. Sabía que era posible almacenarla en pilas, pero la electricidad almacenada no le servía.

3. Quería moverla de un sitio a otro y usarla para enviar mensajes, como con las banderas del semáforo (sistema de señales ópticas) marítimo.

4. Morse quería enviar mensajes con un sistema de señales eléctricas, y por eso inventó un código de puntos y rayas que podían transformarse en impulsos eléctricos

5. El remitente golpeaba el mensaje codificado en una máquina eléctrica, y el destinatario lo recibía sobre un papel, en forma de puntos y líneas.

El telégrafo

El telégrafo es un conjunto de aparatos eléctricos que sirven para transmitir mensajes con rapidez y a distancia.

El morse

El morse es un sistema de telegrafía que utiliza un código consistente en la combinación de rayas y puntos. Y se llama así porque lo inventó Samuel Morse.

El impulso corto era un punto; el largo, una raya. El mensaje aparecía en el papel como una serie de puntos y rayas que representaban las letras del alfabeto. La señal que se hizo más famosa fue la de socorro: ...--... (SOS) ¡porque era la más fácil de entender si había una emergencia!

Telégrafo de Morse

El teléfono

El teléfono es un aparato que transmite sonidos a distancia.

Alexander Graham Bell inventó su teléfono para facilitar la comunicación a larga distancia. Él sabía que el sonido se propagaba en ondas y que estas hacían vibrar las cosas.

Lo que deseaba era que las vibraciones trabajaran con la electricidad. Su aparato, el primer teléfono, convertía las vibraciones sonoras en impulsos eléctricos.

Red telefónica

Cuando el teléfono empezó a popularizarse se estableció una red de centrales telefónicas para dar servicio a todos los usuarios.

1. De niño, Alexander Graham Bell fue educado sobre todo en casa. Después siguió los pasos de su padre y se hizo profesor.

2. Trabajó con alumnos sordos y, mientras les enseñaba a hablar, siguió investigando el sonido.

Sonidos a través de un cable

3. Quería saber si era posible transmitirlo con algún tipo de aparato, por lo que se propuso estudiarlo en profundidad.

4. Descubrió que se propagaba en ondas y que estas producían vibraciones. Quizá era posible una máquina que reprodujera esas vibraciones.

5. Formó equipo con Thomas Watson, buen mecánico, y entre ambos inventaron un aparato con un diafragma metálico flexible, cuya vibración producía una corriente eléctrica. Así, las vibraciones sonoras se transformaban en impulsos eléctricos que recorrían un cable. Si al otro extremo del cable había un segundo aparato, ¡los impulsos se convertían de nuevo en sonidos!

En la radio

La radiodifusión consiste en la emisión de señales que se reciben en un radiorreceptor. Antes de la radio, nadie había oído una emisión radiofónica. Fue el comienzo de la era de las comunicaciones.

Ha nacido la radio

En 1864 el brillante científico James Maxwell predijo que una chispa eléctrica, o señal, producía una onda invisible. ¡Tenía razón! A principios del siglo xx, el inventor Guglielmo Marconi hizo realidad esta teoría al enviar una onda invisible –una onda radioeléctrica– cada vez más lejos, ¡hasta que logró cruzar el Atlántico!

Las ondas radioeléctricas

Las ondas radioeléctricas pertenecen a la misma familia que las luminosas, ¡pero son invisibles! Es probable que donde te encuentres haya ciento de ondas radioeléctrica en todas direcciones.

Radio

Radio es el diminutivo de *radiorreceptor*, un aparato que recibe las ondas en una antena y las transforma en electricidad primero y en sonidos después.

Una pinchadiscos selecciona la música que se transforma en impulsos eléctricos. Después, una antena convierte esos impulsos en las ondas radioeléctricas que se transmiten.

De 1930 a 1950 las radios funcionaban gracias a enormes pilas, por lo que eran grandes y pesadas. ¡Parecían muebles!

Un pequeño dispositivo llamado transistor lo cambió todo. Las radios actuales pueden ser mucho menores, ¡hasta de bolsillo!

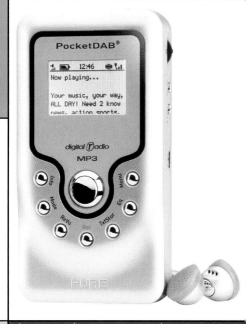

Las radios más modernas son digitales y se fabrican con microchips.

Fotos con movimiento

Cuando se inventó la cámara, a la gente le encantaba fotografiar para recordar acontecimientos, sitios y gente. Pero enseguida los fotógrafos quisieron tener fotografías con movimiento.

Las películas son en realidad montones de fotos aisladas que se proyectan una detrás de otra a mucha velocidad, y eso da la impresión de movimiento.

Cine

Los hermanos Lumière abrieron el primer cinematógrafo en 1895. Su proyector agrandaba las imágenes al exponerlas sobre la pantalla. Las primeras películas no tenían sonido, eran "mudas". Después llegaron las habladas, y cerca de 1930 aparecieron las de color.

El plató de Baird

En 1926 J. L. Baird demostró que las imágenes en movimiento se podían transmitir. Hizo su televisor con vidrio, latas viejas y una caja de sombreros, ¡entre otras cosas! En 1953 se inventó un aparato mejor, pues contenía un tubo de rayos catódicos con un cañón de electrones.

Transmisión televisiva

El televisor es un aparato para recibir imágenes y sonidos enviados por una emisora. La señal se transmite por ondas radioeléctricas, igual que la radio. Se pueden ver noticias y acontecimientos en directo, así como programas grabados. En un estudio de TV, las cámaras y los micrófonos transforman las imágenes y el sonido en señales eléctricas, que se convierten a su vez en las ondas que se emiten.

Televisor químico

El electrón es una partícula diminuta que gira alrededor del núcleo del átomo. El tubo de rayos catódicos contiene uno o varios cañones electrónicos que disparan haces de electrones sobre una pantalla especial, cuyas sustancias químicas brillan cuando estos los golpean.

En los receptores de color hay tres cañones electrónicos, uno para cada sustancia de la pantalla. Al recibir los electrones, cada una adquiere un color: rojo, verde o azul, y esos colores componen la imagen.

La pantalla digital plana y los televisores de plasma están reemplazando a los voluminosos televisores de tubos catódicos.

El braille y el lenguaje de signos

El lenguaje de signos existe hace miles de años, pero no sirve para los invidentes. Por suerte, en 1824, un francés llamado Louis Braille ideó un sistema que les permitía leer y escribir. Tal lenguaje consiste en grupos de seis puntos en relieve, a modo de alfabeto táctil.

Louis Braille sufrió un terrible accidente a los tres años de edad: se clavó una herramienta afilada en un ojo. El otro se le infectó y el pobre Louis se quedó ciego. Entonces lo enviaron a una escuela de París para invidentes, donde los estudiantes tenían que vivir a pan y agua.

Tiempo después un militar llamado Barbier le dijo que había ideado un código para los mensajes cifrados del ejército, y Louis decidió perfeccionarlo y darle un nuevo uso. Su código, llamado braille, funcionó bien y hoy se conoce en todo el mundo.

Hablar con las manos

Señas

El lenguaje de signos es un conjunto de gestos faciales y manuales que representan palabras o imágenes para las personas que no pueden valerse del lenguaje oral. Antes de hablar, hasta los bebés son capaces de aprender un lenguaje de signos simplificado, y así pueden expresar cómo se sienten o pedir lo que necesitan.

El radar

El radar es un sistema muy especial de comunicación, ya que permite localizar objetos cuando no se pueden ver. El radar también se utiliza para guiar los misiles hasta el objetivo.

El equipo de radar emite ondas radioeléctricas que al chocar contra un objeto, rebotan como un balón en una pared y regresan al punto de partida, causando un sonido en el equipo de radar. Sobre la pantalla hay un mapa que indica la situación del objeto.

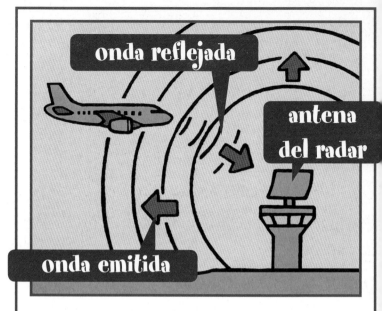

onda reflejada

antena del radar

onda emitida

Una vez que sale del radar, la onda emitida choca con su objetivo y se refleja. Cuando la onda reflejada llega a la antena, la unidad receptora emite un sonido y muestra el objeto en la pantalla del radar.

En la Segunda Guerra Mundial, el radar ayudaba a los cazas a localizar y derribar los aviones enemigos.

¿Quién inventó el radar?

En 1935 el científico escocés Robert Watson-Watt hizo por primera vez una demostración, aunque investigadores de EE. UU. y Alemania trabajaban también sobre la idea. Pero, en la naturaleza, los murciélagos ya usaban un tipo de radar para no chocar con los objetos. Así que en realidad no lo "inventó" nadie.

El sónar

Los sistemas de sónar se parecen a los de radar, pero los de sónar sirven para detectar objetos sumergidos, como submarinos; en lugar de ondas radioeléctricas, emiten ondas sonoras.

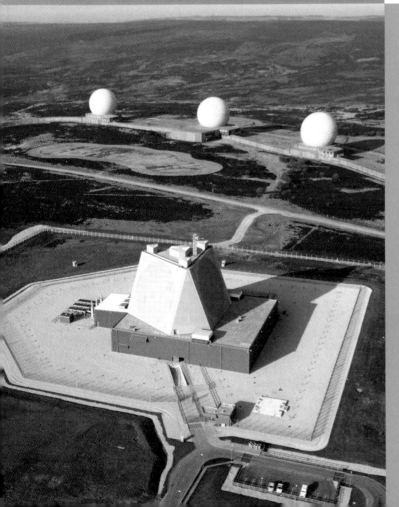

Radar multifunción

Sirve para guiar misiles de alta tecnología. incluye un transmisor y un receptor situados en tierra, y una antena en el misil. Cuando el radar localiza el objetivo, un ordenador (o computadora en Hispanoamérica) decide cuándo hacer el lanzamiento. Una vez hecho, el radar rastrea el misil y el objetivo hasta el impacto. El multifunción se utiliza también en meteorología.

Internet

¿Quién hubiera pensado hace unos años que podríamos hablar con gente de todo el mundo o comprar una llama del Tíbet por ordenador? Hoy podemos hacer ambas cosas gracias a la *World Wide Web*, o la web, e internet.

En la década de 1960 la Advanced Research Projects Agency (ARPA) del ejército estadounidense empezó a desarrollar una red de ordenadores que pudieran intercomunicarse.

En 1969 ya habían creado una red con cuatro ordenadores de distintas universidades. La llamaron ARPAnet.

Pronto se establecieron más redes que convergieron con ARPANET para crear otra amplísima red llamada la red de redes, o internet.

Entonces Tim Berners-Lee inventó la *World Wide Web*, un programa de software que permitía enviar sonidos e imágenes por internet.

Al ordenador en Hispanoamérica se le conoce con el nombre de *computadora*.

La *World Wide Web*

La web es la red de información de la que disponen los ordenadores que conforman internet. Equivale a una inmensa enciclopedia que proporcionara textos, sonidos e imágenes.

Páginas web

La web se compone de direcciones electrónicas llamadas páginas web, que contienen información multimedia y están a disposición de cualquier usuario de internet.

Sus aplicaciones multimedia son también interesantes, ya que con ella pueden aunarse diseño gráfico, audio y vídeo. La web ha hecho de internet una herramienta muy útil.

Nuevas empresas

Como se trata de un novedoso sistema de comunicación, internet ha provocado el desarrollo de nuevas actividades comerciales, como diseño de páginas web, venta de ordenadores ¡o juegos de ordenador o computación!

Prueba comunicativa

1. ¿Con qué se hacían los rollos de papiro?

2. ¿Quién inventó un código para enviar mensajes por el telégrafo?

3. ¿Quién inventó las cajas de tipos que facilitaban mucho la impresión?

4. ¿Qué aparato permite detectar los bombarderos antes de que alcancen su objetivo?

5. ¿Qué aparato para comunicarse a larga distancia inventó Graham Bell?

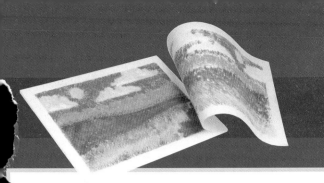

6. ¿Qué envió Guglielmo Marconi a través del océano Atlántico?

_____

7. ¿Quién demostró que las imágenes en movimiento se podían transmitir?

_____

8. ¿Dónde fue a la escuela Louis Braille?

_____

9. ¿Qué tipo de arma dispara a la pantalla de un televisor?

_____

10. ¿Cómo se llaman los manuscritos con páginas y cubierta?

1. Con papiro, una planta 2. Samuel Morse 3. Johannes Gutenberg 4. El radar 5. El teléfono 6. Ondas radioeléctricas 7. John Logie Baird 8. En París 9. Un cañón electrónico 10. Códices

31

Índice

Alexander Graham Bell 18

antena 20, 21, 26

ARPANET 28

banderas del semáforo marítimo 16

braille 24

cañón de electrones 22

cañón electrónico 23

chinos 4, 10, 15

cinematógrafo 22

códice 13

copistas 14

egipcios 8,

electrón 23

emisión 20

escribir 8, 10, 12, 14

escritura 9

Guglielmo Marconi 20

hablar 6, 18, 25, 28

idioma 7

imprenta 13, 14

impresión 10, 11, 14, 15

internet 28, 29

James Maxwell 20

jeroglíficos 8

Johannes Gutenberg 14

John Logie Baird 22

lengua 7

lenguaje de signos 24, 25

libros 12-14

Louis Braille 24

Lumière (hermanos) 22

misil teledirigido 26, 27

multimedia 29

ondas sonoras 6, 18, 19

ordenador o computadora 28, 29

papel 8, 11, 13, 15, 17

papiro 8, 9

película 22

pergamino 12

planchas de impresión 10

radar 26, 27

radio digital 21

radiodifusión 20

radiorreceptor 20, 21

Robert Watson-Watt 27

rollos 9, 12

Samuel Morse 16, 17

sitio web 28, 29

sónar 27

sonido 6, 7, 18, 19, 21-23, 28

tablillas 8, 12

teléfono 18,

telégrafo 17

televisor 22, 23

televisor de plasma 23

Thomas Watson 19

Tim Berners-Lee 28

transistor 21

transmisión 23

transmisor 27

tubo de rayos catódicos 22, 23

web 28, 29

World Wide Web 28, 2